Armin Täubner

Festliche Weihnacht

Fensterbilder aus Tonkarton
mit Goldfolie

Frech-Verlag Stuttgart

Für eine gewerbliche Nutzung der gezeigten Modelle ist die Genehmigung des Verlags erforderlich.

Auflage: 11. 10. 9. 8. 7. | Letzte Zahlen
Jahr: 1997 96 95 94 93 | maßgebend

ISBN 3-7724-1372-2 · Best.-Nr. 1372

frech-verlag
GmbH + Co. Druck KG Stuttgart
Druck: Frech, Stuttgart

Eine stimmungsvolle Dekoration der Wohnung darf zu Weihnachten ebensowenig fehlen wie der Adventskranz. Fensterbilder haben hierbei einen besonders großen Anteil. Und dies keineswegs nur in Kinderzimmern. Sie können, wie in den vorgestellten Beispielen, durchaus auch andere Bereiche der Wohnung schmücken.

Die Motive sind häufig stark stilisiert, das heißt nur in den wesentlichen Grundformen dargestellt, und erhalten so einen zeitgemäßen, auf einfache Formen ausgerichteten Charakter.

Die verwendeten Materialien und Farben tragen zusätzlich zur Schaffung einer stimmungsvollen Atmosphäre bei. Das Gold als Symbol des himmlischen Lichtes und der Stern als allgemeiner Ausdruck für das Himmlische unterstreichen bei allen Modellen die festliche Weihnachtszeit.

Ihr Armin Täubner

Material

Weißes Transparentpapier
Mit einem spitzen weichen Bleistift (B oder B2) wird das Motiv auf weißes Transparentpapier gezeichnet.

Weißer Karton (250–300 g/m²)
Dieser Karton muß aus Stabilitätsgründen mindestens ein Gewicht von 250 g/m² haben. Ist die Oberfläche leicht strukturiert, ist er noch etwas formstabiler und weniger empfindlich für kleine Druckstellen und Kratzer.

Goldkrepp
Dieses Kreppapier ist auf der Vorderseite golden, auf der Rückseite weiß beschichtet. Es ist stark dehnbar und deshalb wenig formstabil. Es muß aus diesem Grund für unseren Zweck stets auf Papier oder weißen Karton geklebt werden.

Goldfolie
Kann anstelle von Goldkrepp verwendet werden, ihm fehlt jedoch die reizvoll strukturierte Oberfläche. Andererseits hat Goldfolie den Vorteil, daß sie nicht dehnbar ist. Bei ihr ist eine Verstärkung der Rückseite mit Karton oft nicht erforderlich.

Glitterspray
Weißer Karton kann mit Glitterspray leicht besprüht werden. Bei konzentriertem Glitterauftrag wellt sich der Karton. Wird Goldkrepp damit besprüht, kann es zu Farbveränderungen kommen, d.h. die goldene Oberfläche wird durch den, dem Spray beigemischten Kleber aufgelöst.

Malglitter
Malglitter wird in kleinen Flaschen in verschiedenen Farben im Handel angeboten. Der Glitter ist in einer Klebe-

masse gelöst und wird wie aus einer Tube durch eine schmale Öffnung herausgedrückt. Malglitter sollte auf Karton nur dünn aufgetragen werden. Er kann mit dem Pinsel oder mit dem Finger verrieben werden. Auch hier besteht die Gefahr, daß sich der Karton wellt. Malglitter wird in diesem Buch vorwiegend für goldene Akzente in synthetischer Füllwatte bzw. normaler Watte verwendet.

Goldsternchen
Sie sind in mehreren Größen und in fünf- bzw. sechszackiger Form erhältlich. Die meisten Motive dieses Buches sind mit ihnen verziert, wobei jeder Stern einzeln mit Klebstoff bestrichen und aufgeklebt wird.

Klebstoff
Sämtliche Klebearbeiten sind mit einem herkömmlichen Alleskleber durchgeführt worden.

Herstellen von Schablonen

Wenn ein Motiv aus mehreren Einzelformen besteht, sind mehrere Schablonen nötig. Dabei werden sämtliche Einzelformen ohne Überschneidungen nebeneinander mit Bleistift auf weißes Transparentpapier gezeichnet. Dieses Transparentpapier wird anschließend auf dünnen Karton geklebt. Nun können die Einzelformen, die Schablonen genannt werden, mit der Schere bzw. dem Cutter ausgeschnitten werden. Die Umrisse der Schablonen werden mit Bleistift auf weißen Karton bzw. auf mit Goldkrepp beklebten Karton übertragen und dann ausgeschnitten.

Adventsstimmung
Abbildung auf Seite 6.

Aus weißem Karton den Rahmen des Fensterbildes (durchgezogene Linie) ausschneiden. Beidseitig werden nun die stilisierten Tannenzweige (gestrichelte Linie) aus mit Goldkrepp beklebtem Karton angebracht. Ebenfalls beidseitig die Kerzen (Strich-Punkt-Linien) und die Flammen ankleben.

Dekorative Fenstersterne
Abbildung auf Seite 7.

Die Konturen der Sterne mit einem Lineal und einem weichen Bleistift (B2) auf weißes Transparentpapier übertragen. Anschließend das Transparentpapier mit dem Motiv auf weißen Karton legen und mit Klebeband fixieren. Die Umrisse sind deutlich in die Kartonoberfläche eingedrückt und können mit dem Cutter nachgeschnitten werden. Den Stern auf mit Goldkrepp beklebte Kartonscheiben mit einem Radius von 10 cm oder 7 cm kleben.

Sternvariation
Abbildung auf Seite 8.

Dieser Stern wird auf dieselbe Art und Weise gearbeitet wie die „Dekorativen Fenstersterne“. Den fertig ausgeschnittenen Stern auf einem mit Goldkrepp beklebten Karton fixieren und die Umrisse mit dem Cutter exakt nachschneiden.

Kerzenarrangement

Auch hier werden Schablonen von allen Teilen benötigt. Den stilisierten Tannenkranz einmal aus weißem Karton, die Kerze zweimal und die Schleifen viermal aus mit Goldkrepp beklebtem Karton ausschneiden. Kerze und Schleife beidseitig paßgenau am Tannenkranz fixieren und Goldsterne aufkleben.

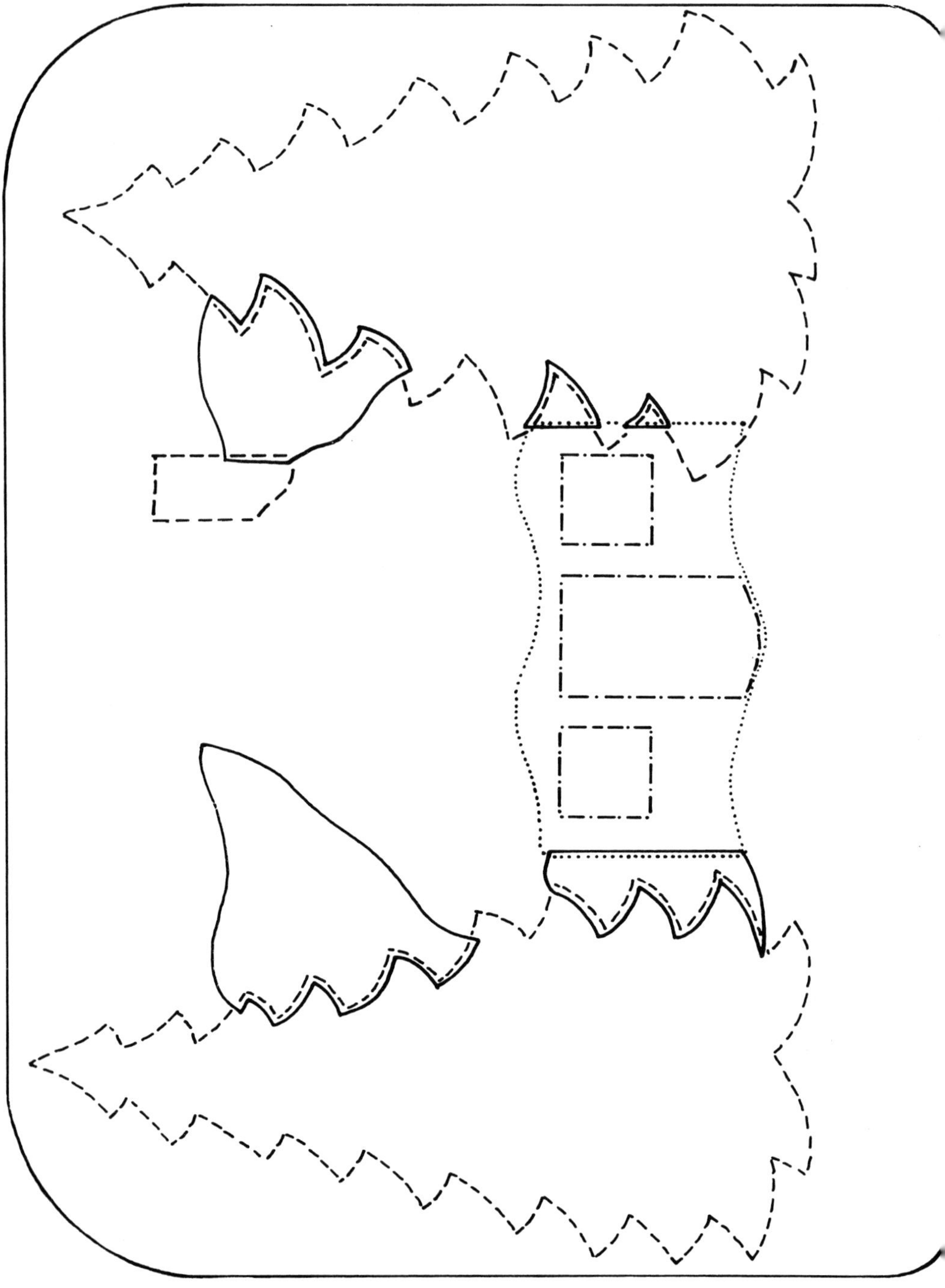

Winterstimmung

Aus dem weißen Rahmen die fünf kleinen Innenflächen (durchgezogene Linien) herausschneiden. Zuerst die Hauswand und den Kamin, dann die beiden Tannen anbringen. Auf die Hauswand (punktierte Linie) Fenster und Tür aus weißem Karton kleben. Himmel und Schneeflächen bestehen aus weißer Füllwatte, die mit Goldsternchen und Malglitter verziert wird.

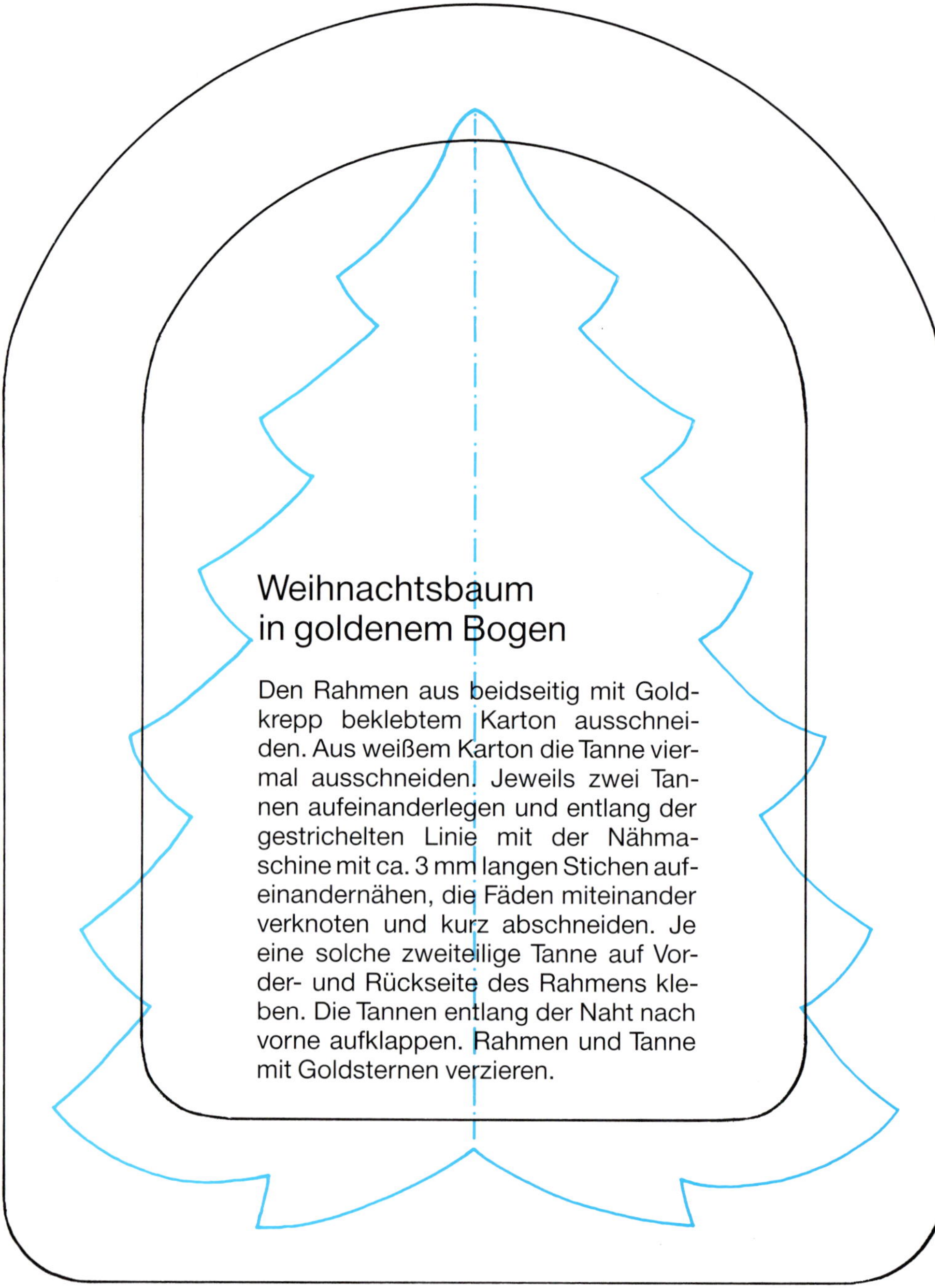

Weihnachtsbaum in goldenem Bogen

Den Rahmen aus beidseitig mit Goldkrepp beklebtem Karton ausschneiden. Aus weißem Karton die Tanne viermal ausschneiden. Jeweils zwei Tannen aufeinanderlegen und entlang der gestrichelten Linie mit der Nähmaschine mit ca. 3 mm langen Stichen aufeinandernähen, die Fäden miteinander verknoten und kurz abschneiden. Je eine solche zweiteilige Tanne auf Vorder- und Rückseite des Rahmens kleben. Die Tannen entlang der Naht nach vorne aufklappen. Rahmen und Tanne mit Goldsternen verzieren.

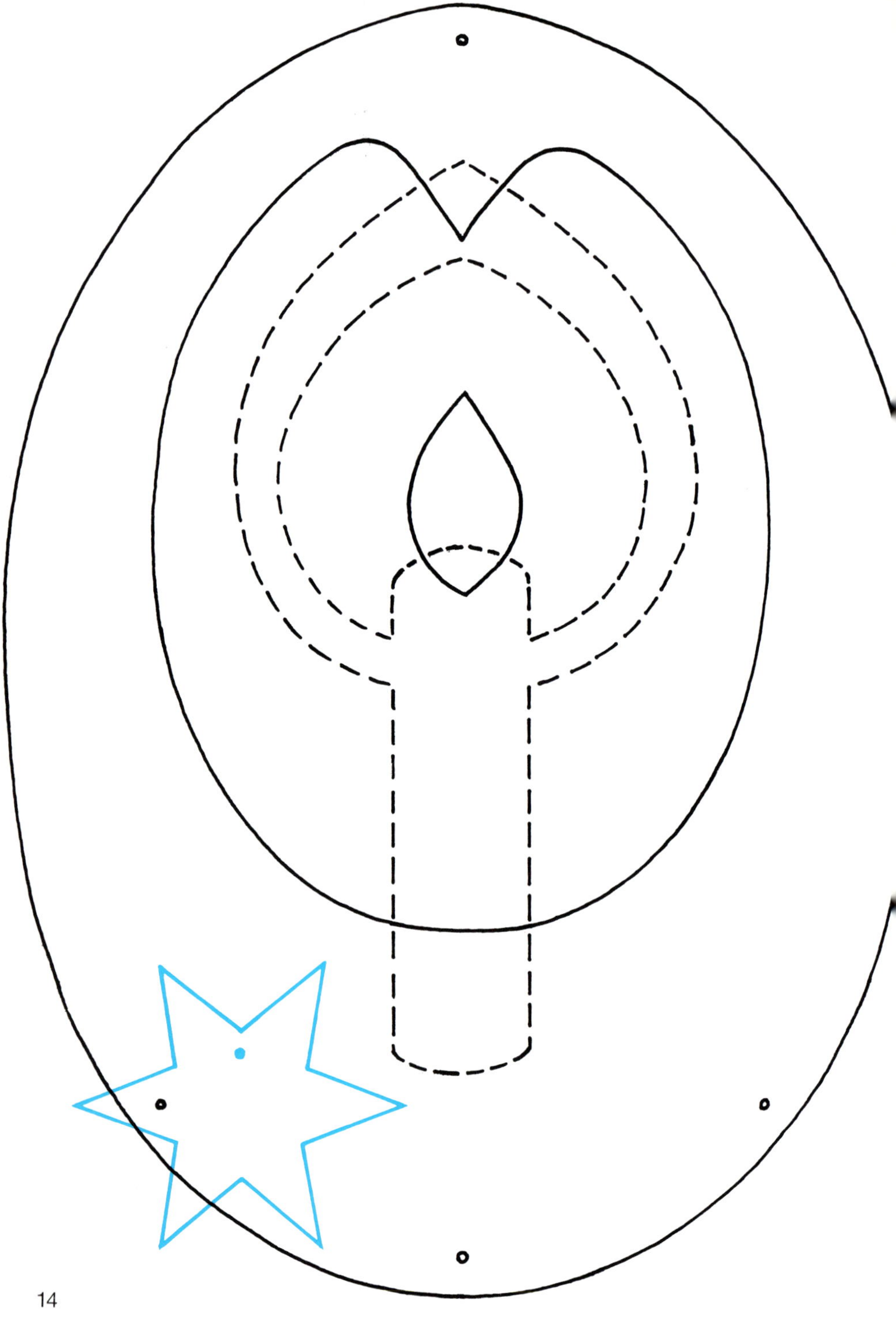

Weihnachtliches Gehänge

Mit Hilfe einer Schablone den Rahmen (durchgezogene Linie) auf Karton übertragen, der mit Goldkrepp beklebt ist, und ausschneiden. Die Kerze und die goldene Flamme doppelt ausschneiden und beidseitig am Rahmen fixieren. Oben am Rahmen die Aufhängung befestigen und unten die Löcher für die Sterne einstechen. Die drei Sterne mit einem Faden anknüpfen. Abschließend den Rahmen mit Goldsternen bekleben und Goldglitter auftragen.

Dekorative Bäumchen

Für jede Tanne müssen jeweils eine große und eine kleine Schablone hergestellt werden. Die größeren Tannen aus weißem Karton ausschneiden. Diese Tannen werden beidseitig mit kleineren goldenen Tannen beklebt. Zusätzlich können Goldsterne aufgeklebt werden.

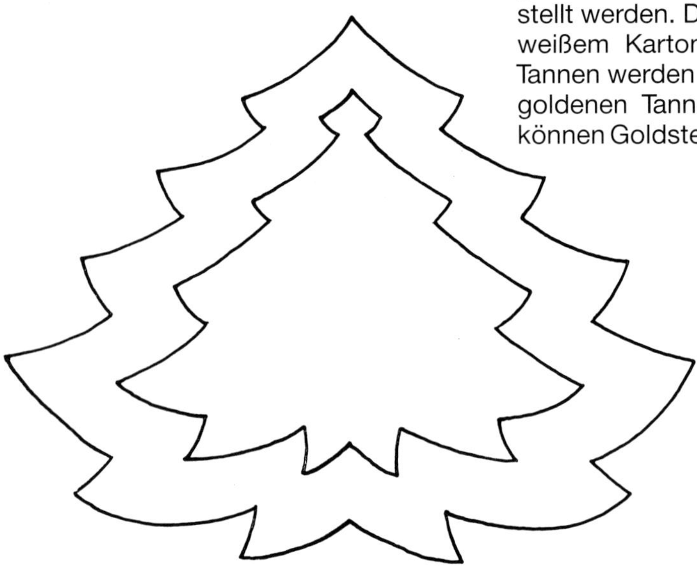

Trompetespielender Engel

Von den drei Motivteilen Schablonen herstellen. Die Umrisse auf weißen bzw. mit Goldkrepp beklebten Karton übertragen und mit dem Cutter oder der Schere ausschneiden. Auf das weiße Fensterbild beidseitig die Trompete und die Wolke aufkleben.

Festliche Glocken

Die Glockenform mit den Sternen und freien Flächen jeweils zweimal ausschneiden. Für die Innenschnitte den Cutter verwenden. Zwischen die weißen Glockenteile ein beidseitig mit Goldkrepp beklebtes Kartonstück in Glockenform kleben.

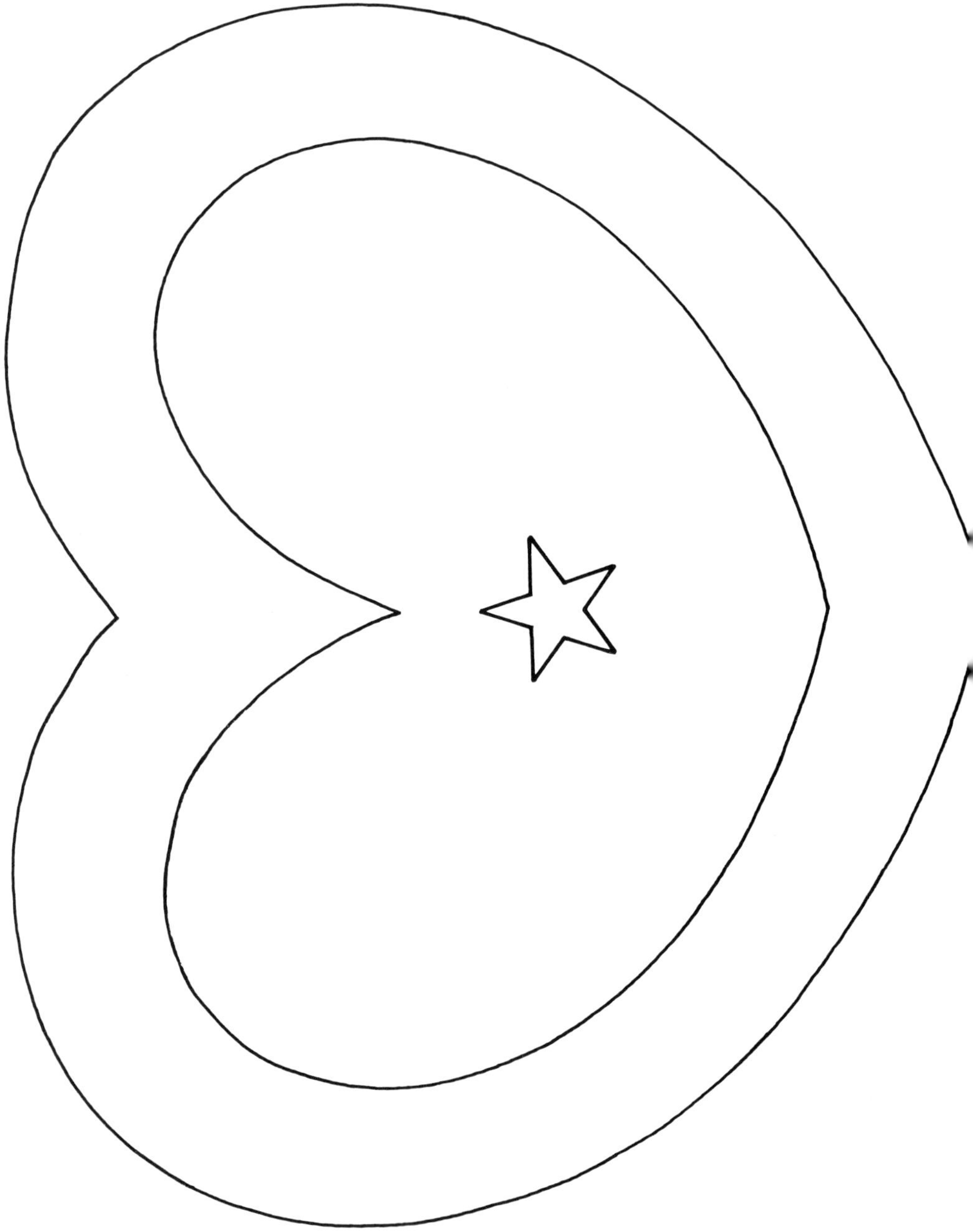

Sternenherzen

Vom Herz mit herausgeschnittener Innenfläche und vom Stern Schablonen anfertigen. Für jedes Herz werden zwei weiße Rahmen, ein Herz als Innenfläche, das beidseitig mit Goldkrepp beklebt ist, und zwanzig weiße Sterne benötigt. Das goldene Herz beidseitig mit den weißen Herzrahmen bekleben.

Engelpaar

Die Umrisse der beiden Engel mit der zuvor hergestellten Schablone auf einen mit Goldkrepp beklebten Karton übertragen und mit dem Cutter und der Nagelschere ausschneiden. Das Engelpaar auf die weiße Kartonwolke kleben. Zusätzlich noch Goldsterne anbringen.

Engel mit Kerze

Vom Engel eine Schablone anfertigen, die Konturen auf weißen Karton übertragen und ausschneiden. Die Innenschnitte mit dem Cutter vornehmen. Weißen Karton mit Goldkrepp oder Goldfolie bekleben und mit dem Zirkel einen Kreis mit 20 cm ∅ zeichnen. Nun die Kreisscheibe ausschneiden und den Engel aufkleben.

Vögel

Den Rahmen aus weißem Karton ausschneiden. Mit Watte oder Wollvlies den Rahmen oben und unten bekleben. Die Vögel aus beidseitig mit Goldkrepp beklebtem Karton ausschneiden. Mit der Lochzange die Augen ausstanzen. Die Vögel an den Schwänzen am Rahmen fixieren. Wolken und Schneeflächen mit Malglitter und Goldsternen verzieren.

Sternmobile

Mit Goldkrepp beklebte Kartonsterne auf die Wolke kleben. Die Aufhängelöcher einstechen, Goldfäden durchziehen und daran die beidseitig mit Goldkrepp beklebten Kartonsterne befestigen.

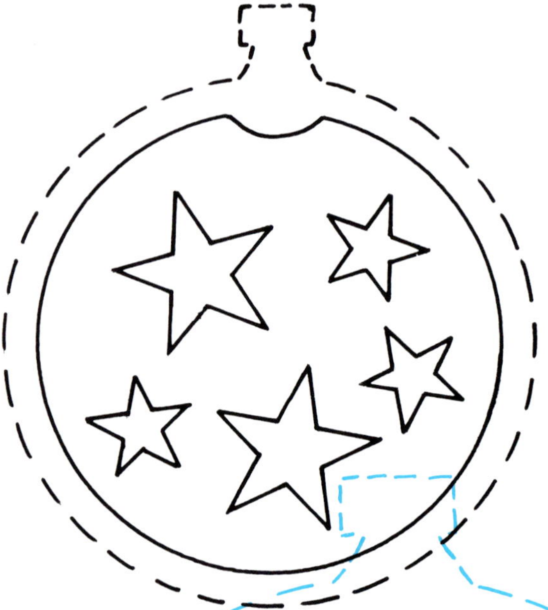

Christbaumkugeln

Die größere Fläche (gestrichelte Linie) aus beidseitig mit Goldkrepp beklebtem Karton ausschneiden. Darauf auf Vorder- und Rückseite die kleinere weiße Fläche mit den herausgeschnittenen Sternen bekleben. Für das Heraussschneiden der Sterne den Cutter verwenden.

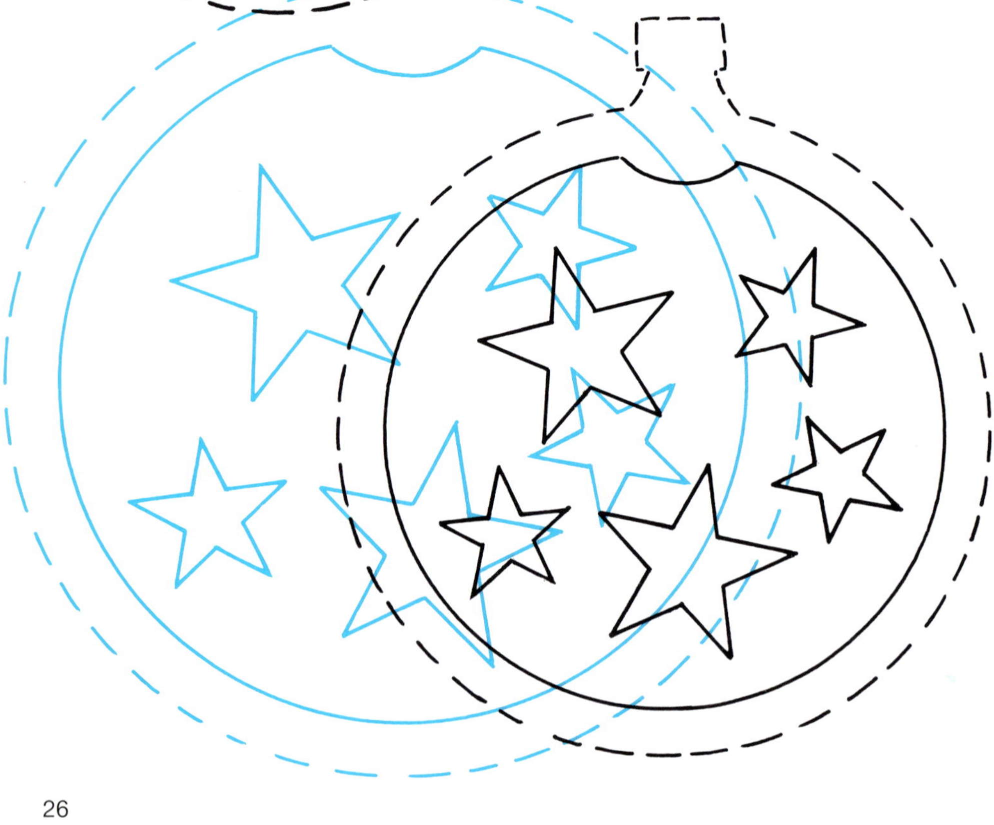

Weihnachtsmann

Mit dem Zirkel im Mittelpunkt (×) einstechen und die Rahmenöffnung zeichnen. Für den Innenschnitt den Cutter verwenden. Den oberen, bogenförmigen Teil des Rahmens mit Goldsternen bekleben. Der Rumpf des Weihnachtsmannes besteht aus mit Goldkrepp beklebtem Karton. Haar-/Bartteil mit aufgemaltem Gesicht sowie Rute, Sack und Hände aufkleben. Die Schuhe von hinten am Rumpf befestigen. Mit Watte oder synthetischer Füllwatte kann zusätzlich noch der Boden beklebt werden.

Rahmen hierzu auf dem Vorlagenbogen.

Glocken

Die Glockenformen mit Hilfe einer zuvor angefertigten Schablone für jede Größe jeweils doppelt auf weißen Karton übertragen und mit dem Cutter und der Schere ausschneiden. Je zwei dieser Glockenformen entlang der gestrichelten Linie mit der Nähmaschine zusammennähen. Die beiden Fadenenden an der Glockenunterseite verknoten und kurz abschneiden. An der Oberseite die Fadenenden zuerst direkt an der Glocke und dann nach ca. 20 cm erneut verknoten. Glocken mit Goldsternen bekleben.

Weitere Glockenformen auf dem Vorlagenbogen.

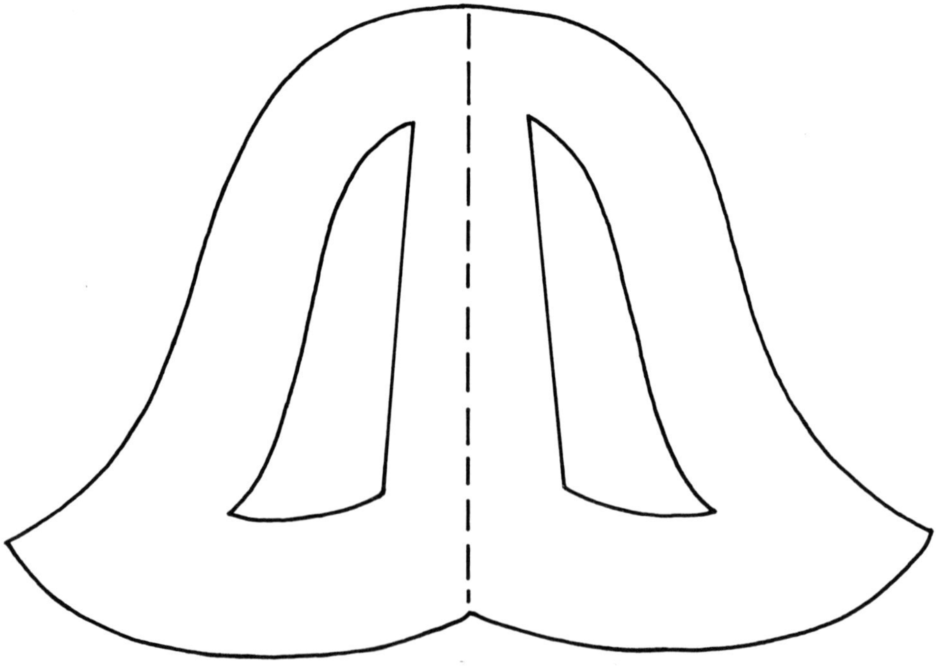

Schneebedeckte Kirche

Abbildung auf Seite 32.

Auf der weißen Grundform der Kirche (durchgezogene Linie) die goldenen Wandflächen (gestrichelte Linien) fixieren. Die Umrisse dieser Wände werden mit Schablonen auf mit Goldkrepp beklebtes Papier übertragen und dann ausgeschnitten. Kirchenfenster mit Malglitter bestreichen. Den Glitter mit dem Finger verreiben. Anschließend die Fenster aufkleben. Kirchendächer und Bodenfläche mit weißer Watte bekleben. Eventuell Gold- oder Silberglimmer aufsprühen und Goldsterne aufkleben.

Die Krippe (gestrichelte Linie) aus mit Goldkrepp beklebtem Karton ausschneiden, darauf das Kind (punktierte Linie) und die mit Füllwatte beklebte Decke (durchgezogene Linie) befestigen.

Vogelhäuschen

Das Vogelhäuschen (durchgezogene Linie) aus beidseitig mit Goldkrepp beklebtem Karton ausschneiden. Die Schneefläche (gestrichelte Linie) aus weißem Karton doppelt ausschneiden, beidseitig am Häuschen festkleben. Synthetische Füllwatte als Schnee aufkleben.

Weihnachtswald

Mit goldfarbenem Filzstift die weiße Bodenfläche am Rand einfärben und auf die weiße Kartonscheibe kleben. Aus mit Goldkrepp beklebtem Karton die Tannengruppe ausschneiden und auf die Kartonscheibe kleben. Den Himmel mit aufgeklebten Goldsternen verzieren. Dem größten Stern mit dem goldfarbenem Filzstift den Sternenschweif anmalen.

Schleifenkranz

Goldband, Schleife und Sterne aus mit Goldkrepp beklebtem Karton ausschneiden, dabei die Schleifenösen mit dem Cutter herausschneiden. Auf den weißen Kartonkranz zuerst das Goldband, dann die Schleife und zum Schluß die Sterne aufkleben. Die Rückseite des Kranzes genauso gestalten und die Herzen aus auf *beidseitig* mit Goldkrepp beklebtem Karton aufhängen.

Weihnachtsglocken

Die beiden Glocken aus weißem Karton ausschneiden, auf die Schnittvorlage legen und zusammenkleben. Die Schleifenösen mit dem Cutter herausarbeiten. Die Schleife auf das Glockenpaar kleben. Die beiden ovalen Glockenöffnungen bestehen ebenfalls aus mit Goldkrepp beklebtem Karton. Die Klöppel anbringen und die Glockenränder mit Goldsternchen verzieren.

Halleluja

Die Glockenform aus beidseitig mit Goldkrepp beklebtem Karton ausschneiden und mit Goldsternen in unregelmäßigen Abständen bekleben. Mit der Lochzange am oberen Ende der Glocke zwei Löcher ausstanzen. Beim Engel die beiden Haarteile aus mit Goldkrepp beklebtem Karton ausschneiden und auf beiden Seiten am Körper ankleben. Auf der Vorderseite das Gesicht, die Arme und das Liederbuch anbringen. Augen, Mund sowie die Kleidersäume mit einem goldfarbenem Filzstift aufmalen.

Schneemann

Aus dem runden Rahmen die beiden freien Flächen neben dem Schneemann herausschneiden (durchgezogene Linie). Hut und Hutband doppelt ausschneiden, den Hut mit Goldkrepp bekleben und beidseitig am Kopf fixieren. Mit schwarzem Filzstift das Gesicht aufmalen. Den Stab befestigen und davor die beiden Arme am Schneemann anbringen. Boden und Himmel mit synthetischer Füllwatte bekleben und mit Goldsternen verzieren.

Sternengehänge

Es gibt zwei Möglichkeiten, diese Gehänge anzufertigen: Entweder mit dem Zirkel die Ringe auf weißen Karton aufzeichnen, ausschneiden und mit Goldsternen bekleben. Dabei müssen die Positionen der Sterne vorher mit Bleistift markiert werden, oder die konzentrischen Kreise werden samt den Sternen mit Zirkel, Lineal und Bleistift auf weißes Transparentpapier übertragen. Ist dies geschehen, das Transparentpapier auf weißen Karton legen und mit Klebeband fixieren. Zuerst den Mittelpunkt einstechen, dann mit Kugelschreiber und Lineal die Sterne nachziehen. Das Transparentpapier abnehmen. Die Sterne haben sich deutlich in die Kartonoberfläche eingedrückt. Nun den Zirkel in den Mittelpunkt einstechen und die Kreise aufzeichnen. Zuerst die Sterne, dann die Ringe mit Cutter und Schere ausschneiden. Die Sternenringe mit Goldkrepp hinterkleben. Weil sich die Ringe drehen sollen, müssen dieselben Einzelteile nochmals für die Rückseite ausgeschnitten werden.

Aus beidseitig mit Goldkrepp beklebtem Karton den Rahmen herausschneiden. Baum, Wolke und Schneemann doppelt und den Hut vierfach ausschneiden. Tanne und Wolke auf Vorder- und Rückseite des Rahmens ankleben. Bevor die beiden Schneemänner aufgehängt werden können, muß der zweiteilige Hut beidseitig angeklebt werden. Die Gesichter mit schwarzem Filzstift aufmalen. Baum, Wolke und Rahmen mit Goldsternen verzieren.

Aus mit Goldkrepp beklebtem Karton die beiden Tannenbaumformen mit Cutter und Schere ausschneiden und auf dem eiförmigen weißen Karton anordnen und fixieren. Zum Schluß das Fensterbild mit Goldsternen verzieren. Die Rückseite analog arbeiten.

Auf eine mit Goldkrepp beidseitig beklebte Kartonscheibe zuerst die Schneefläche und die Wolken kleben. Den Sack und die Päckchen mit Goldsternchen und einem goldfarbenen Filzstift verzieren. Anschließend den Schlitten, der teilweise mit dem Cutter ausgeschnitten werden muß, auflegen, die Päckchen und den Sack anordnen und dann fixieren. Wolken und Schlitten abschließend mit Goldsternchen bekleben.

Auf dem beidseitig mit Goldkrepp beklebten Rahmen aus weißem Karton das Dach, die Schneefläche und den Rauch kleben. Die Fenster und die Tanne anbringen. Zum Schluß den schneebedeckten Zaun fixieren.

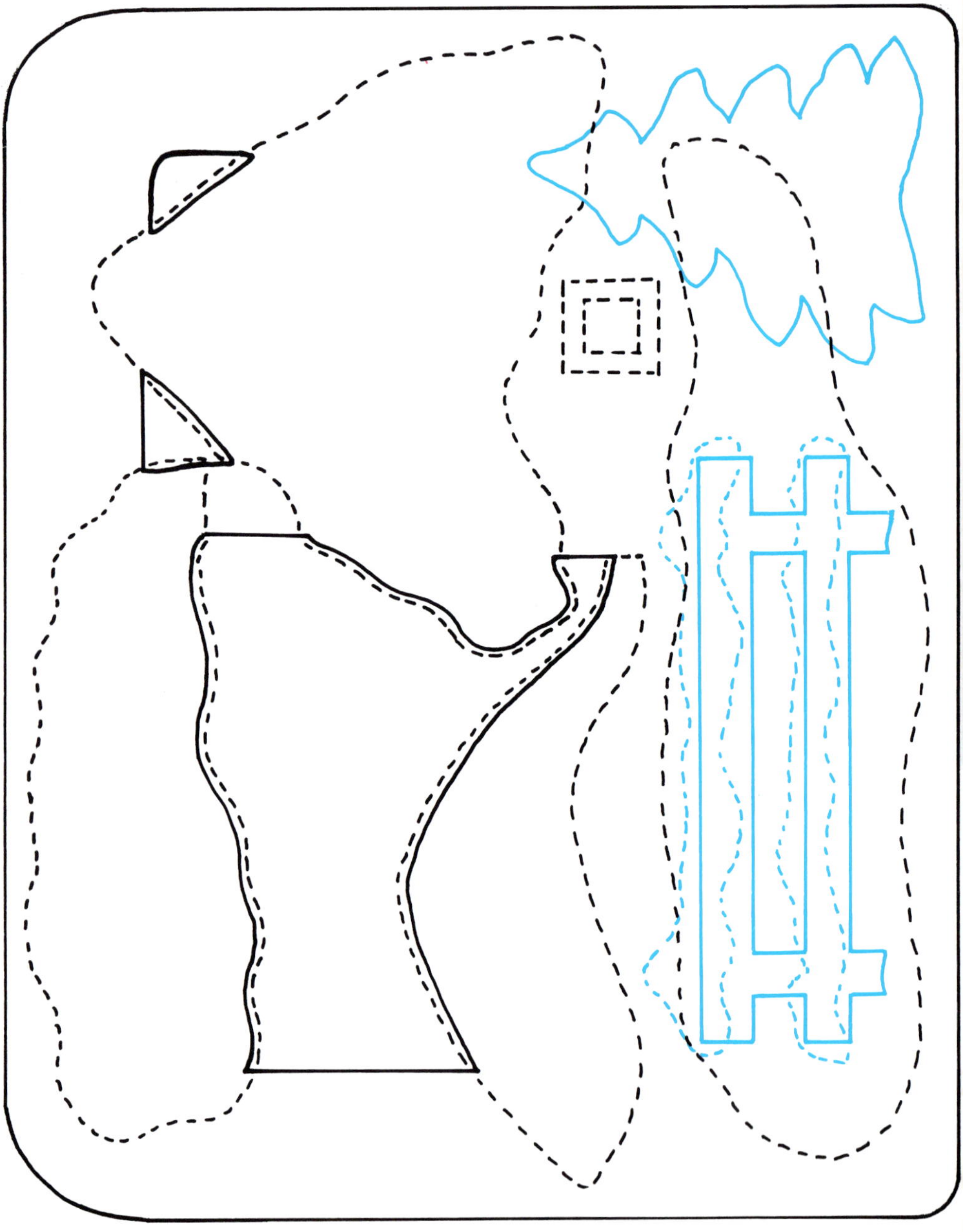

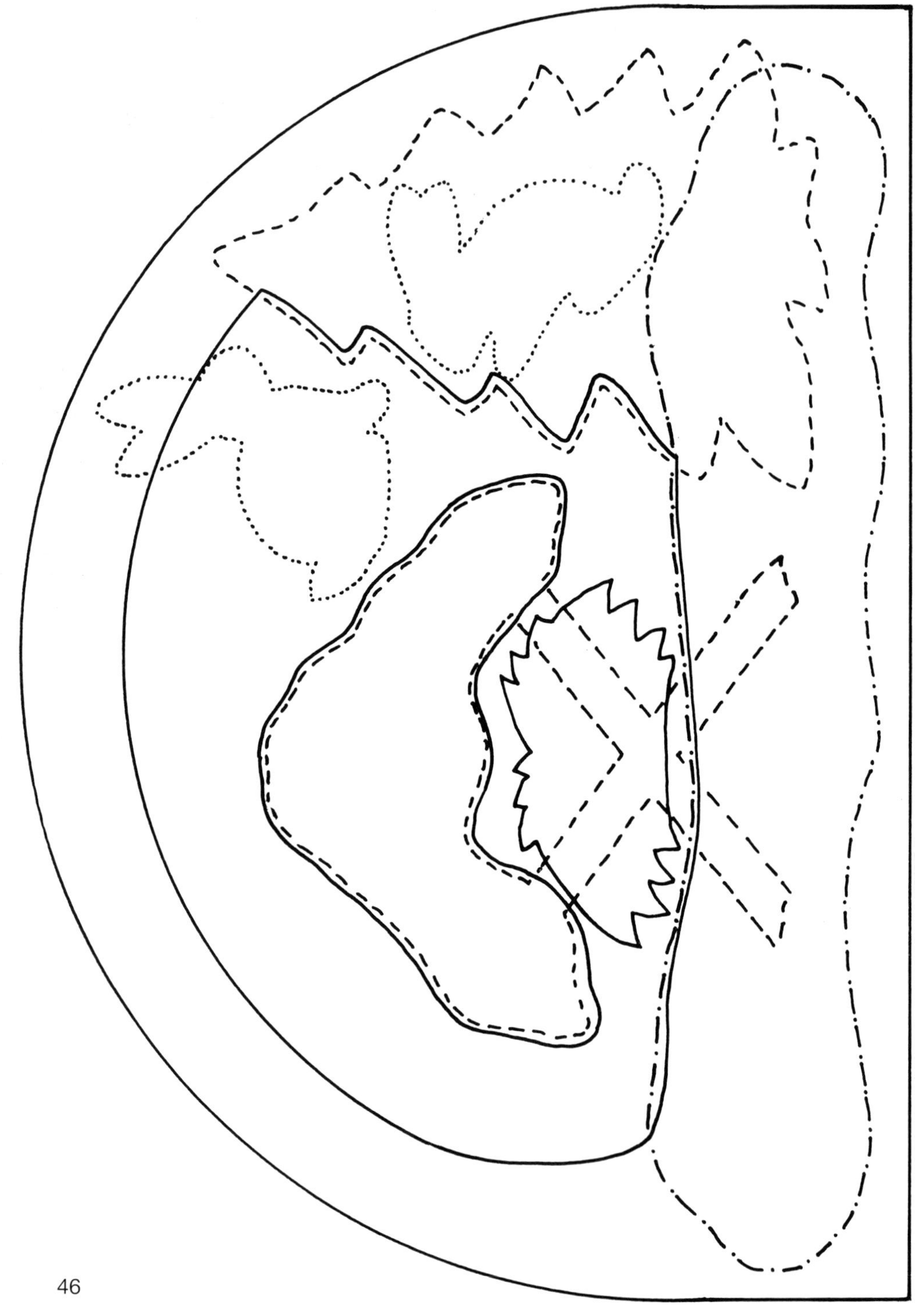

Den Rahmen (durchgezogene Linie) aus beidseitig mit Goldkrepp beklebtem Karton ausschneiden. Darauf die Schneefläche (Strich-Punkt-Linie) und die Tanne kleben. An der Krippe aus mit Goldkrepp beklebtem Karton (gestrichelte Linie) von vorn das Schneedach (durchgezogene Linie) und von hinten das Heu fixieren. Krippe und Hasen befestigen.

Rahmen ausschneiden und Schneefläche aufkleben. Alle anderen Teile werden doppelt benötigt. Die Kirche aus einseitig mit Goldkrepp beklebtem Karton ausschneiden und am Rahmen bzw. an der Schneefläche befestigen.